L40
b
2567

RÉFLEXIONS
A MÉDITER

Au moment où la CONSTITUTION *sera présentée à la sanction du Peuple ;*

DISCOURS, prononcé par le Citoyen DUCAMP, membre de la Société des Amis de la Liberté & de l'Egalité, de Bordeaux, dans la séance du 13 Juillet 1793, l'an 2ᵉ. de la République Française.

Imprimé par Délibération ;
A BORDEAUX,
Chez A. CASTILLON, Imprimeur des Amis de la Liberté & de l'Egalité, rue Ste-Colombe, N° 49.

REFLEXIONS

A MÉDITER

Au moment où la CONSTITUTION *sera présentée à la sanction du Peuple.*

LES Français, fatigués par quatre années de Révolution, ont senti qu'il était temps de la terminer par des institutions sociales bien affermies. Aussi de toutes parts n'a-t-on cessé de demander une Constitution qui devait fixer un terme aux inquiétudes des bons Citoyens, & faire disparaître l'anarchie qui les dévore. Cette Constitution tant, & si justement désirée, a été enfin décrétée presque par enchantement, au milieu des orages, dans le choc tumultueux des passions, par des hommes dont la confiance nationale semblait repousser les travaux, & dont une fatale expérience faisait suspecter les intentions.

Cependant ces hommes, dominés par une exaltation effrénée, asservis par des influences désorganisatrices & sanguinaires, livrés au scandale des plus violentes passions, sont parvenus à terminer leur carrière conventionelle, en nous donnant une

Constitution. Nous l'ont-ils donnée pour notre bonheur ? L'ont-ils affise sur des bases favorables à la liberté ? L'ont-ils entourée de toute la force que réclame une république naissante ? C'est ce qu'il serait raisonnable d'examiner, si des motifs imposans ne portaient à donner par préférence un développement nécessaire, aux considérations qui doivent nous rendre chère cette Constitution, avec toutes les imperfections qu'elle présente.

Je suis parfaitement convaincu que son acceptation est une mesure décisive pour sauver la patrie. Dans la crise où nous nous trouvons, dans l'effroi dont nos ames sont saisies à l'aspect des perfidies qui peuvent encore nous balotter & accroître nos malheurs, j'envisage une Constitution comme la planche unique qui nous est présentée après le naufrage. Avec elle nous pouvons calmer la tempête & arriver au port ; sans elle nous périssons dans un abîme de calamités, & nous devenons les victimes du plus affreux désespoir.

Pour convaincre également tous les esprits de cette alternative si sérieuse, il faut les éclairer. C'est par l'instruction que les hommes parviennent à connaître leurs véritables intérêts, & à marcher dans la ligne tracée par la sagesse. Elle est pour eux le premier des besoins moraux, & pour l'ordre social la source féconde qui multiplie les citoyens vertueux. C'est donc à la propagation des lumières que les véritables amis de la patrie doivent sans cesse consacrer leurs travaux ; c'est vers leurs efforts que le peuple tournera toujours ses regards attentifs, parce qu'il aime à être guidé, & à multiplier ses conceptions. Une Société investie de la confiance, & prépondérante par l'opinion, est appellée à devenir un lycée, où le vulgaire doit puiser dans des leçons philantropiques, des idées saines, des vérités utiles & le contre-poison d'une ignorance funeste.

C'est dans des vues aussi importantes que je crois essentiel de discuter les questions suivantes :

Le salut public commande-t-il l'acceptation pure & simple de la Constitution ?

En cas d'acceptation, quels seront les avantages que nous devons nous en promettre spontanément ?

En cas de non-acceptation, ou même de discussion, quels seront les effets qui résulteront de cette mesure ?

Ces questions présentent l'occasion de frapper l'attention de la multitude & de la convaincre. On peut les résoudre par des tableaux qui parlent à l'imagination, & ce langage produit toujours de grands effets. Si le développement que je vais ébaucher ne fixe pas nos idées, si les probabilités des chances que je me propose d'exposer à vos regards ne raniment point notre énergie, alors il faudra convenir que nous sommes sans vertu, & que le bonheur des peuples libres est un aliment trop robuste pour des ames comme les nôtres, avilies par l'habitude de l'esclavage, & incapables de l'effort sublime qui caractérise le besoin d'être heureux.

Il est constant que la nation périt sous les horreurs de l'anarchie ; que les excès de la licence & du brigandage bien loin de s'affaiblir, prennent chaque jour un degré d'audace révoltant ; qu'un système de malveillance est combiné de manière à tout désorganiser & à tout confondre dans une catastrophe générale ; que des factions liberticides ont juré la ruine de la république ; que la Convention nationale, dominée par quelques scélérats, n'a plus le pouvoir de faire le bien, & que comme corps législatif elle n'est plus l'organe de la nation, mais seulement l'instrument de la volonté d'une commune dictatoriale & des agens qu'elle soudoie avec les trésors arrachés à la France entière.

Il est constant que tout annonce une conspiration affreuse dont les ramifications & les effets sont manifestes par-tout, dont les preuves ne se trouvent nulle part ; que les machinations les plus adroites & les plus profondément subversives, travaillent sans cesse le peuple pour l'accabler sous le poids de la misère, pour le lasser d'un régime qu'on rend détestable, & forcer ce bon peuple, par ses divisions & par ses fureurs, à invoquer à grands cris le calme meurtrier du despotisme.

Il est constant que le défaut d'un gouvernement réprimant enhardit les contre-révolutionnaires & les factieux que l'Europe a vomis dans notre sein ; que le relâchement de tous les liens sociaux appelle chaque jour parmi nous une foule de brigands immoraux pêtris de corruption dans un autre hémisphère, où les vertus de l'homme sont trop ignorées, où les excès d'une tyrannie sanguinaire sont érigés en principes, & consacrés comme la perfection de l'ordre social ; que de cet assemblage de perturbateurs & de cette réunion de vices, résultent une population dangereuse, des complots effrayans & une soif de sang qui fait frémir la nature ; que par l'audace de cette lie de tous les peuples, les mœurs douces de la nation sont prêtes à se convertir en habitudes féroces, & son caractère moral en une monstruosité de penchans, capables de transplanter sur le sol le plus fortuné, les usages horribles des Cannibales du nouveau monde.

Il est constant qu'un système de dilapidation sans frein dévore nos finances & prépare la ruine générale ; qu'il est impossible d'envisager sans frémir, la profondeur du gouffre dans lequel on nous précipite, & dans lequel nous sommes tous menacés de périr en désespérés. Il est constant que la fortune publique s'anéantit par l'effet d'une dissipation sans exemple ; que le numéraire fictif se multiplie & s'avilit ; que le gage qui en garantit la valeur se détériore, s'éclipse, & va peut-être devenir la seconde proie des monstres insatiables que le Ciel dans sa colère a tirés de la fange, pour nous rendre les déplorables victimes de leurs abominables forfaits.

Il est constant que chaque bon Citoyen voit un tel état de choses avec une profonde indignation, & qu'absorbé dans un sentiment stupide il ne fait aucun effort salutaire pour le changer. Il voit dans les évènemens qui nous pressent les signes épouvantables d'un bouleversement général ; & il reste dans une honteuse apathie. Il voit que dans un pays où la prospérité nationale manque de base, il n'y a plus de propriété assurée, plus d'industrie, plus de régulateur des actions humaines. Il voit qu'alors la force est la loi suprême, & le brigandage un besoin. Il voit les passions, les vengeances & les crimes, devenir le dernier terme de la dépravation & de la dissolution du pacte social. Le Citoyen pusillanime voit enfin toutes ces horreurs, & n'a pas le courage de se prononcer. Il s'isole, & s'enveloppe dans un égoïsme inconcevable, & hâte, par sa coupable inertie, les malheurs qu'il redoute. L'homme de bien dont les affections & les sentimens sont plus élevés, rougit de tant de bassesse, d'une indifférence aussi allarmante; & sérieusement affligé à l'aspect de la désolation qui menace la Patrie, il est presque tenté de maudire une douloureuse existence. Le déchirement de son ame accablée lui fait considérer le trépas comme un bienfait. Déjà l'asile des tombeaux lui paraît préférable à une terre souillée par l'opprobre, & flétrie par la tyrannie. La froide demeure des morts, deviendra peut-être pour lui l'objet d'un désir consolant. Il y trouvera au moins le repos qu'il ne goûte plus, le calme parfait qui écarte à jamais des agitations intolérables, & le point où les vertus sont récompensées, par une impassibilité durable, qui confond toutes les destinées, & absorbe toutes les affections.

Voilà, Citoyens, notre position présente. Voilà le tableau du désespoir que notre découragement nous prépare, si nous ne nous élançons enfin dans une carrière nouvelle. Nos malheurs sont grands, mais ils ne sont point sans remède. L'énergie d'un Peuple qui veut fortement la liberté, la réunion des Citoyens, l'ensemble de leurs efforts, & les vertus patriotiques, peuvent encore sauver la Patrie. Mais il est temps d'agir & d'opposer à la mollesse des mœurs qui nous dégradent, l'attitude imposante d'une nation véritablement républicaine. Il faut un réveil généreux, & une explosion puissante, pour consommer notre gloire, & poser les fondemens du bonheur de l'Univers.

Ames de boue! vils égoïstes! & vous infatiables agioteurs, enfans du crime & ministres de la dépravation! ouvrez enfin les yeux. Faites au moins par intérêt ce que vous ne sauriez faire par vertu. Ralliez-vous à la masse des bons Citoyens & concourez avec eux au retour de l'ordre. Si vous persistez à vous envelopper dans votre système perfide, je vous le prédis, vous êtes les premiers en évidence, les premiers en butte au choc que les passions peuvent occasionner à tout instant. Vos propriétés menacées du pillage, & vos personnes & vos familles exposées à une cruelle persécution, peuvent en un jour devenir les victimes de la fureur. Ne vous y trompez pas, l'anarchie dévore tout, & promène indifféremment son glaive sur toutes les têtes. Elle ne connait personne, elle ne protège aucune opinion. Le crime est son élément, & la rapine sa récompense. L'aristocrate aveugle, le riche stupide, le monopoleur avide, le capitaliste insouciant, l'homme timide & irrésolu, deviendraient, dans un bouleversement général, les victimes chéries du brigand, & l'exemple terrible des excès que leur funeste, & non moins coupable indifférence, provoque & pourrait enfin rendre inévitables.

Quel est le citoyen qui restera dans l'engourdissement à la vue d'un si grand danger ? Quel est celui qui se nourrira encore du chimérique espoir de voir rétablir un régime proscrit & de réaliser ses prétentions ? Quel est enfin celui qui peut mettre en problême le triomphe de la Liberté, & la résolution du Peuple de maintenir ses droits ? Citoyens, prenons le seul parti qui nous reste, & qu'une longue expérience nous apprenne à devenir sages : unissons-nous de bonne foi, marchons sur la même ligne, & nos maux finiront !

Examinons actuellement les avantages que nous devons trouver dans cette union & dans l'acceptation de la Constitution.

Nous périssons faute de loix protectrices, faute de gouvernement fixe, faute de base solide qui garantisse l'effet des institutions sociales. Une Constitution peut seule nous donner tous ces appuis de la machine politique. On nous la propose, & nous sommes assez aveugles pour examiner s'il est de notre intérêt de l'accepter ? C'est à des passions étrangères à l'amour de la Patrie ; c'est à des considérations personnelles, qui tuent le patriotisme, qu'il faut attribuer des opinions & des doutes aussi étranges. Si nous nous occupions réellement des choses, nous ajournerions indéfiniment nos affections pour les personnes. Nous n'aurions de sollicitude que pour la patrie, & nous la sauverions avec un empressement qu'elle nous commande.

Qu'importe, en effet, par qui, comment, & dans quelle circonstance la Constitution a été décrétée, pourvu qu'elle nous assure la Liberté ? Fut-elle l'ouvrage de Pitt ou de Cobourg ; fut-elle l'œuvre des génies infernaux, si elle consacre les droits du Peuple elle doit être acceptée avec des transports reconnaissans. Fut-elle vicieuse dans ses conséquences, si elle fait triompher les principes républicains, si elle nous préserve des malheurs imminens qui nous menacent, elle devient le plus inappréciable bienfait... Acceptons-la donc sans balancer ; entourons-la de toute notre force ; rallions-nous à elle par notre confiance, & remercions le Ciel de nous avoir réservé cet abri salutaire pour nous préserver de la guerre civile, le plus effrayant de tous les maux.

L'acceptation de la Constitution est démontrée indispensable par la nature des circonstances dans lesquelles nous nous trouvons. Rendons sensibles les avantages qui doivent en résulter pour la Nation entière.

Il est démontré aux yeux de tout homme sensé

que le plus grand des obstacles que la revolution éprouve dans ce moment, vient de la différence d'opinions, de la division des esprits, & sur-tout de la difficulté de rapprocher des Citoyens qui veulent tous la même chose ; mais qui s'observent avec une méfiance inquiéte, avec des préventions sans fondement. C'est donc faute de s'entendre que les Départemens s'isolent, & marchent en sens contraire au but commun, qui est le salut de la Patrie. Tous adorent la liberté, tous brûlent du desir de lui élever des autels inébranlables ; & cependant la plûpart d'entr'eux diffèrent dans le choix des moyens propres à affermir les bases du bonheur. L'agitation est telle ; l'aveuglement est si adroitement ménagé par la malveillance, que la confusion des idées, les travers d'un esprit public perverti, préparent des scènes sanglantes entre des frères qui rougiraient, & de leurs erreurs, & de leurs excès, s'ils pouvaient s'expliquer d'une manière à mettre en évidence la pureté de leurs principes & la droiture de leurs intentions.

L'acceptation spontanée de la Constitution est propre à produire cet heureux effet. Elle doit éclairer tous les esprits, produire une commotion morale, & déconcerter enfin les agitateurs. Par l'acceptation, les départemens se montreront à découvert & seront jugés sans retour. S'ils sont d'accord sur le point principal qui les divise ; s'ils voient l'unité & l'indivisibilité de la république universellement reconnue, alors animés d'un transport uniforme & s'élançant ensemble vers un point de réunion, ils confondront dans un sentiment commun leurs affections & leurs espérances. Désabusés, & soustraits au prestige qui les égare, ils fraterniseront de bonne foi ; ils agiront avec ensemble, & arracheront à la malveillance & à l'anarchie notre malheureuse patrie en proie à leurs fureurs.

Voilà le premier bienfait de l'acceptation de la Constitution. En voici de non moins probables & de non moins importans.

La Constitution sanctionnée par le souverain fera cesser pour toujours l'agitation qui provoque des déchiremens, fera taire toutes les méfiances, & contiendra toutes les passions. Elle étouffera d'un seul coup les factions qui se nourrissent à l'abri de tant de dénominations funestes. Il n'y aura plus de royalisme, de fédéralisme, de modérantisme à reprocher : tous les Français seront ou devront paraître républicains. Les amis de la liberté se reconnaitront enfin, & porteront tous un caractère non équivoque, en protégeant ouvertement le règne de la loi. C'est à ce terme qu'il faut arriver pour consommer glorieusement la révolution.

L'acceptation de la Constitution frappera à mort les machinations qui tendent à rétablir la royauté : elle rendra impuissantes les entreprises de nos ennemis extérieurs & les disposera à la paix : elle réveillera le courage national & le portera au plus haut degré d'exaltation : elle rétablira l'harmonie par-tout, fera marcher les pouvoirs avec majesté & commandera des efforts puissans : elle donnera de justes espérances de bonheur, & à tous les citoyens réunis en masse, l'énergie propre à les réaliser.

Par l'acceptation, la confiance publique se ranimera, notre numéraire fictif prendra du crédit, nos ressources se conserveront, les dilapidations prendront fin, un gouvernement neuf succèdera à cette monstruosité politique qui nous dévore :

nous deviendrons en un moment une nation organisée, & l'effroi de la tyrannie.

Par l'acceptation, la ligue des rois sera ébranlée & peut-être dissoute. Nous aurons une consistance qui nous assignera de la prépondérance dans la balance des nations. Nous les appellerons toutes à nous, par l'alliance & par l'attitude fière qui inspire de la confiance. Nous rendrons inévitable le retour de la paix, & nous serons en mesure pour la consolider avec gloire.

Par l'acceptation, le renouvellement du corps législatif devient indispensable. Par ce bienfait seul la nation brisera le sceptre de fer qui nous opprime; sa justice vengeresse se déploiera & punira tous les attentats; les Septembriseurs atroces, les dilapidateurs insatiables, les mandataires infidèles, les magistrats prévaricateurs, les factieux audacieux, comparaîtront devant la majesté du peuple. Tous frémiront à l'aspect du glaive de la loi; tous rendront un compte sévère, & tous deviendront pour les générations futures un exemple terrible de ce que peut l'indignation du souverain, contre les crimes attentatoires à son bonheur.

Par l'acceptation enfin, l'effervescence du peuple s'évanouira, & un calme consolant, devenu universel, nous rendra tous heureux. Les paisibles travaux reprendront de l'activité; l'agriculture, l'industrie & le commerce rivaliseront ensemble pour accroître la prospérité publique. L'abondance, fille de la concorde, viendra irrévocablement se fixer parmi nous; la joie universelle fera oublier les calamités inséparables d'une grande révulution; & le bonheur identifié par-tout, embellira notre existence, couronnera nos travaux & récompensera dignement nos sacrifices & notre dévouement.

Citoyens ! voilà le tableau fidèle de ce que vous devez attendre de l'acceptation pure & simple de la Constitution. Il n'est point fantastique, mais le résultat positif des probabilités les moins équivoques.

Faut-il actuellement vous exposer les dangers terribles qui naîtraient de notre opiniâtreté à la discuter ou à la rejetter ? Oui sans doute, il le faut. Celui qui écrit pour le peuple doit tendre sans cesse à frapper son entendement & à faire une impression durable. Pour les hommes instruits, ce qui me reste à dire devient parfaitement inutile ; mais pour l'esprit peu exercé par la réflexion, une nouvelle manière de lui présenter la même vérité, devient un nouveau moyen de la lui faire saisir. La précision du discours, sa forme, sa méthode, son élégance même, sont des sacrifices que se commande le citoyen vertueux, lorsqu'il les croit nécessaires au but qu'il se propose..... Examinons donc quels effets on pourrait raisonnablement attribuer à la discussion & à la non acceptation de la Constitution.

Le premier sans doute, serait de mettre la république & la liberté dans le plus grand danger, & d'exposer la France entière à devenir le théâtre d'une division sanglante & le repaire de tous les crimes.

En effet, la non acceptation de la Constitution fortifie l'anarchie & appelle la guerre civile. Les citoyens se divisent de plus en plus ; les passions fermentent ; les factions se multiplient ; les excès de la discorde deviennent sans bornes ; & toutes les fureurs se déchaînent. Les départemens se calomniant mutuellement, s'animant les uns contre les autres, les scissions se prononcent ; les partis se forment ; les combats s'engagent ; le sang coule de toutes parts. La terre habitée par la désolation, reste sans culture, les propriétés sans conservateur ; les atteliers sans bras & sans travail, présentent l'image de l'inertie ; le commerce qui ne prospère qu'au sein de l'ordre & de la paix, déserte le séjour du crime ; l'état de brigand devient l'état de tous les hommes sans distinction ; la rapine est érigée en profession ; les horreurs de la famine viennent nous accabler & consommer notre désespoir.

Dans une situation aussi épouvantable, je vois la dissolution du pacte social entraîner la ruine générale & inonder de larmes nos stériles contrées.

Les communes, les familles mêmes, divisées par des opinions contraires, provoquant des déchiremens partiels, ne présentent plus à mes yeux que le spectacle douloureux de la subversion de toute morale, & le résultat coupable des plus horribles attentats. La banqueroute publique, l'avilissement & la nullité des assignats, le silence des loix, le sommeil léthargique d'un gouvernement protecteur, en comblant la mesure de nos malheurs, ne nous laisseraient plus que le besoin d'assouvir notre rage dans le sang de nos frères, & d'étourdir notre déplorable existence par l'habitude des assassinats & de la destruction.

Alors nos ennemis extérieurs, les restes d'une secte aristocratique, & les cohortes sacerdotales, s'élançant sur une terre couverte de cadavres, obstruée par un monceau de cendres, gémissante sous le poids des plus exécrables forfaits, viendraient à main-armée garroter les tigres qui auraient survécu à la patrie. Alors des chaînes pesantes, un opprobre sans fin, des remords sans mesure, deviendraient le juste châtiment des restes d'une nation célèbre, que l'égoïsme & la corruption morale auraient précipité dans le bourbier de l'abjection & du mépris universel.

Citoyens ! voilà un second tableau dont les couleurs rembrunies font reculer d'horreur : il est pourtant aussi vrai, aussi fidèle que le premier. Jugez actuellement la délicatesse de votre position, & sortez enfin de votre engourdissement homicide; sauvez la patrie, & sauvez-vous vous-mêmes. C'est des mesures que vous allez prendre que dépendent vos destinées, & que la république attend ou sa ruine ou sa gloire.

Il serait temps d'analyser la Constitution en elle-même, & je me proposais de me livrer à ce travail ; mais je m'apperçois que j'ai été trop long dans l'examen des propositions auxquelles je me suis d'abord attaché : d'ailleurs la réflexion m'a convaincu que ce n'est point ici la place de traiter d'un objet qui demande à lui seul un développement particulier. Il suffit de faire dans ce moment un sommaire très-succint de la Constitution, pour justifier l'opinion que j'ai avancée sur son acceptation, & pour tranquilliser les hommes qui ne l'auraient pas approfondie.

La Constitution prise en masse est bonne, parfaitement populaire, & propre à sauver la Liberté. Toutes ses bases consacrent la souveraineté du peuple, assurent ses droits, & lui promettent un bonheur social durable. Tous ses principes posent les fondemens du gouvernement républicain ; ils établissent la plus parfaite égalité, & un mode conservateur pleinement satisfaisant.

La Constitution considérée dans ses conséquences & dans ses détails, présente de grandes défectuosités & manque de précision ; mais aucun de ses vices ne nous menace d'aucun danger prochain. D'ailleurs la Constitution elle-même indique les moyens de la perfectionner. Ce fera à la Nation à étouffer par une révision falutaire, les germes malfaifans qu'une fucceffion d'actes abufifs du pouvoir, pourrait développer & féconder.

Ce précis de la Conftitution porte un caractère de vérité que les hommes de bonne foi ne méconnaîtront pas. Je fais qu'on peut beaucoup argumenter fur le plus ou le moins de confiance qu'infpire un type de légiflation, fufceptible d'un achevement plus complet ; mais je fais auffi que dans les circonftances où nous nous trouvons, il faut n'être difficile qu'autant que le falut public le permet. C'eft être fage que de favoir compofer avec les événemens, & en tirer le meilleur parti poffible. Ce n'eft pas quand le feu eft à la maifon & que l'incendie menace de la réduire en cendres, qu'il eft prudent de difcuter par quels moyens on peut parvenir à l'éteindre méthodiquement ; en ce cas, l'activité & la réfolution font préférables à la tactique du raifonnement. L'eau jettée avec abondance arrête les progrès de la deftruction ; les règles d'une theorie lente dans fes réfultats, incertaine dans fes procédés, pourraient tout perdre.

Nous fommes preffés de toutes parts par des dangers, & la moindre tergiverfation dans les mefures que nous avons à prendre, expofe la chofe publique. La Conftitution garantit la Liberté & les droits du Peuple ; c'eft affez pour le moment. Renvoyons fa révifion jufqu'à l'époque où le calme & les réflexions permettront de s'occuper d'une réforme utile. Alors nous pourrons, fans commotion & dans le filence des paffions, difcuter, analyfer & adopter les meilleures inftitutions fociales, que l'efprit public & les combinaifons des Philofophes nous auront indiquées.

Par tous ces motifs, je conclus à l'acceptation pure & simple & sans discussion préalable de la Constitution telle qu'elle est proposée. Approprions ses bienfaits à notre critique position. Puisons-y les sources de la restauration publique en nous ralliant autour d'elle, & en formant un gouvernement, sans lequel tout est confusion & désordre. Préparons par notre réunion, par l'efficacité des loix, la ruine de l'anarchie, le triomphe de la République une & indivisible, & le bonheur du Peuple.

Je conclus à une seconde mesure, qui est la permanence des Assemblées Primaires, jusqu'au renouvellement effectué du Corps législatif, & jusqu'à l'action du Pouvoir exécutif constitutionnel.

Je conclus enfin que le Département de la Gironde exprime à tous les autres Départemens, les motifs de cette permanence, & qu'il la démontre nécessaire à la tranquillité publique & au maintien de la Liberté, menacées encore par les factions, peut-être même par le système du royalisme qu'on pourrait tenter de combiner par de nouvelles manœuvres, avec le système social qui résulte de la Constitution.

EXTRAIT

EXTRAIT DU REGISTRE

Des Délibérations de la Société des Amis de la Liberté & de l'Egalité, de Bordeaux.

Séance du 13 Juillet 1793, l'an 2e. de la République française, une & indivisible.

La Société, après avoir entendu à la tribune tous ceux de ses membres inscrits sur l'ordre de la Parole, ensemble ceux qui ont voulu proposer divers articles additionnels ou amandemens, ferme la discussion sur la question agitée pendant les quatre précédentes séances ; & les avis recueillis, après épreuve & contre-épreuve, le Président prononce ainsi la Délibération :

« La Société des Amis de la Liberté & de l'Egalité de Bordeaux DÉCLARE A L'UNANIMITÉ,

1°. Qu'elle pense qu'il est de L'INTÉRÊT du Peuple Français, dans les circonstances orageuses où se trouve la République, d'ACCEPTER EN MASSE, & le plus promptement possible, la Constitution qui lui est présentée.

2°. Qu'en attendant l'époque prochaine où chacun des membres de la Société pourra émettre son vœu d'acceptation dans les Assemblées Primaires, la Société jure de nouveau de maintenir la République une & indivisible ; la Liberté, l'Egalité, le respect des personnes & des propriétés; la garantie de tous les droits de Citoyen ; la résistance à l'oppression, à toute tyrannie générale ou particulière ; la liberté indéfinie de la presse, la représentation nationale une & indivisible, comme la République.

3°. Que le Discours du citoyen DUCAMP, l'un de ses membres, prononcé dans la séance de ce jour, sera imprimé, envoyé aux Sections de Bordeaux, aux Sections de Paris, aux Sociétés affiliées, aux Départemens & aux Armées.

4°: Qu'une députation de six Membres se rendra, séance tenante vers la Commission Populaire de Salut public du Département de la Gironde, pour l'instruire de la présente Délibération.

Signé VEYSSIERE, *Président.*

MARANDON,
DUCHEN,
MASSÉ,
MENNE,
BENOIT,
DIRAT,
} *Secrétaires.*

www.ingramcontent.com/pod-product-compliance
Lightning Source LLC
Chambersburg PA
CBHW060636050426
42451CB00012B/2628